En digtsamling

TIL DIG
& DEM

- med et knust hjerte,
som ønsker at samle
det igen.

En digtsamling

TIL DIG & DEM

- med et knust hjerte, som ønsker at
samle det igen.

Forlag:
BoD – Books on Demand, Hellerup, Danmark.
1. udgave, 1. oplag 2021
Tryk:
BoD – Books on Demand, Norderstedt, Tyskland

ISBN:
9788743045175

Indhold

Forord

Ofte kommer der digte til mig,
med en følelse,
jeg aldrig før har oplevet,
som en fortælling, der ikke er min.
Derfor har jeg valgt at samle disse digte,
sammen med mine egne,
til dig og dem, der genkender følelsen
eller fortællingen i sig selv.

Måske bærer de et budskab,
et trin i en healingsproces,
noget indsigt eller et frø til bevidsthed.
Jeg ved det ikke, og jeg tror heller ikke,
at det er min opgave at vide,
hvad præcis disse digte kan bringe
til dig og dem.
Denne bog er blot et skud i tågen om,
at digtene er kommet til mig af en årsag
og at jeg ved at skrive dem ned,
har forpligtet mig til, at formidle det
de indebærer.

Må et eller flere af disse digte,
hjælpe dig og dem,
med at samle blot et stykke
af det knuste hjerte igen.

Til Dig,
der er faret vild på din vej.

Og Dem,
der har fulgt andres
i stedet for deres egen.

Et skridt nærmere

Et skridt nærmere
og jeg giver mig hen,
eller vender dig ryggen
og kommer aldrig igen.

Et ord mere
og jeg lukker dig ind,
eller smækker døren
og gemmer dig i mit sind.

En berøring til
og du mig endelig kan nå,
eller det bliver den sidste
og jeg bønfalder dig at gå.

Atter en tanke
du ikke kan beregne,
og bliver du ved den,
vil vor kærlighed stille blegne.

Alt eller intet
kan lyde hårdt,
men tager du ej chancen,
vil den med sikkerhed gå bort.

For jeg kender mig ikke,
ved ikke, hvem jeg er.
Kan end ikke mærke,
om jeg ønsker dig nær.

Min usikkerhed
er alt, hvad jeg har,
giver jeg dig den,
er jeg fuldstændig bar.

Jeg har været der før,
tabt mig selv i en anden,
gået forkert
og mistet forstanden.

Derfor må jeg vide,
om du er der for mig,
selv hvis jeg vælger,
at gå modsatte vej?

Et skridt nærmere
og jeg giver mig hen,
eller vender dig ryggen
og kommer aldrig igen.

Jeg kender dig

Jeg kender dig,
jeg ved, hvem du er,
ved, at du lader dig nøjes,
ikke kender dit eget værd,
skraber i overfladen,
kun indtager, hvad let kan fordøjes.

Så, hvordan skulle du,
kunne kende mit værd?
Hvordan kunne jeg,
føle mig sikker?
Hvis jeg kunne være,
hvem som helst.
Hvordan ved jeg da,
hvor dit hjerte ligger?

Måske hos mig i dag,
men hvem tilhører det i morgen?
Vendte jeg mig om og gik,
kunne du da, overhovedet føle sorgen?

Er dit hjerte flygtigt, som du?
Du, som jeg kender.
Eller bærer det på mere vægt,
mere end du selv aner?

Tager jeg da, chancen med dig,
for at vinde pladsen ved dit hjerte,
må jeg kunne udstå tanken om,
at din usikkerhed ved andre vil færdes.

Da må jeg forstå, at kødelighed
blot er bygget på begær,
men den kærlighed, der ligger ved dit hjerte,
er hundrede gange mere værd.

Ser du det selv,
vil du nogensinde kende dit sande jeg?
Eller bliver det da en hemmelighed,
der kun eksisterer gennem mig?

Ikke mere tilbage

Var det nok om det?
Har vi talt det ud?
For jeg ved ikke, om du kan se,
at jeg er langt forbi underskud.

Jeg har ikke mere,
ikke mere at give af.
Jeg kan ikke mere,
der er ikke mere tilbage.

Til helvede med dig
og dine ord,
hver gang du slipper et,
begår du endnu et mord.

Mord på de dele,
der engang var mig.
Rådnede de ikke op,
sendte du dem ustandseligt på vej.

Luk dine vrede øjne,
de har ikke mere at gøre her.
Du har allerede såret alle,
alle der stod dig nær.

Dine vrede øjne,
burede mig inde så længe,
at jeg knap nok mærkede
mig selv forsvinde.

SÅ LUK MIG DOG IND

Jeg hamrer løs,
på det jeg tror er dit bryst.
En port til dit hjerte,
et sted du aldrig lader mig færdes.

Som mine hænder begynder at bløde,
må jeg erkende den dybt gemte følelse,
der fortæller mig,
at jeg aldrig vil nå dig.

Det gør for ondt, blot at gå min vej,
for jeg vil jo så gerne, være her hos dig.
Jeg dog så stærkt tvivler på,
at jeg nogensinde vil få dig til at forstå.

Jeg føler ikke, at jeg rør dig.
Jeg er i tvivl om, om du overhovedet hører mig?
Du virker så fjern,
som om jeg ser dig gennem en skærm.

Jeg råber af mine lungers fulde kraft;
"SÅ LUK MIG DOG IND!",
i håbet om, at du lader porten stå på klem.
Men ligemeget hjælper det,
for dit hjerte vil jeg aldrig få at se.

En dag må det høre op.
En dag må min fornuft råde over mit hjerte,
mit sind og min krop.
Den dag forlader jeg dig,
og sletter alle spor af dig på min vej.

Du spildte mig
ud over alle kanter

Du spildte mig ud over alle kanter,
til der ikke var mere tilbage.
Opbrugte min gavmildhed
og mine bedste dage.

Du brugte mig som dørmåtte
og jeg tog glædeligt imod,
lod dig træde på mig,
mens jeg masserede din fod.

En dag holdt mit hjerte op med at slå,
min varme frøs til is.
Den dag du tilstod,
fordi jeg fandt bevis.

Hvor det 'jeg', der engang var mig,
forsvandt hen,
vil jeg ikke vide,
før jeg ser hende igen.

Resterne af mig, bar jeg ud med skraldet.
Det var ikke mere værd,
end skrællen fra de løg,
der blev pillet med besvær.

Desperat forsøger jeg nu,
at genkalde de mange lag,
som var en del af den gryderet,
jeg holdt så meget af.

Duften forfølger mig, som fortiden.
Den leger med mit sind.
Kysser mig blidt for derefter,
at smælde på min kind.

Jeg ved, at det er min opgave,
at fylde glasset igen,
at lade de spildte dråber ligge,
og kun samle gyldne ind.

Gyldne dråber af kærlighed,
forbeholdt mig selv.
Når det en dag flyder over,
vil jeg endelig finde fred.

Jeg forsvinder stille ind

Jeg forsvinder stille ind,
min skygge og din erindring
bliver svage.
I mit eget spejlbillede,
ser jeg kun
brudstykker af dage.

Når dine minder,
er svundet helt ind,
vil der ikke være mere tilbage,
af den, der engang
gjorde dig blind,
og forhindrede din klage.

Når du ikke længere,
husker den jeg var,
hvem vil jeg da være?
Når jeg ikke længere
er i din nærhed,
som en af dine kære.

Er jeg da,
som dug for solen
forsvundet og borte?
Vil jeg da,
frivilligt vælge
at mit liv forkorte?

Jeg ser mig
fordufte,
jeg forsvinder stille ind,
men uden dig
vil det da være muligt,
at finde mig igen?

For at holde livet levende

Jeg har lyst til at lægge mig i sneen,
synke ned og blive kold.
Mærke, hvordan mit hjerte hamrer,
hvordan blodet suser rundt i min krop.

For at holde livet levende.

Jeg har lyst til at mærke, at jeg lever,
men du kan ikke længere være den,
der varmer mit hjerte,
og tænder tusinde tanker i mit sind.

For at holde livet levende.

Jeg har lyst til at hoppe i vandet,
give fuldstændig slip,
lade min krop flyde,
mærke alt, hvad der er på spil.

For at holde livet levende.

Jeg har lyst til at blive klemt,
så luften siver ud.
Føle min hud og mine organer
kæmpe for mit liv.

For at holde livet levende.

Du plejede at tage pusten fra mig,
nu er du ikke mere,
ikke hvor du kan holde mig,
så jeg ved, jeg eksisterer.

Engang var du fuld af liv

Engang var du fuld af liv,
alle beundrede dit sind,
lod sig forføre af dig,
vikle sig ind i dit spind.

Og som var de tryllebundne,
ville de følge dig,
ud over en klippe,
som var det blot en leg.

I de mørkeste tider,
kunne du finde lys,
føre hele flokken
gennem gru og gys.

Nu er du sunket sammen,
ingen lukker du ind,
følelseskold og bitter,
døv, dum og blind.

Og ingen vil vide af dig,
de aner ikke, hvem du var.
Det betyder intet for dem,
mærket: "ikke længere brugbar".

Hvis bare du ville tænde,
en enkelt lille gnist,
kunne du varme dig på den,
gløde op og blive bevidst.

Ingenting

Du ville være en del af det hele
derfor, blev du ingenting.
Rendte rundt og legede uovervindelig,
sled dig selv tynd.

Du undte ikke andre noget
derfor, fik du ingenting.
På trods af, at du tog alt,
og sjældent gav noget igen.

Du ville være den bedste
derfor, blev du ingenting.
Stod på bræt med drage
uden nogen vind.

Du støttede aldrig andre
derfor, har du ingenting.
Intet, der er noget værd,
som blev givet af en ven.

Alt, hvad du har opnået,
betyder ingenting,
hvis du ingen har at dele med,
og du alligevel er blind.

Så hvad er faktisk noget
og hvad er ingenting?
Er der noget, du har misforstået,
bevæger du dig i ring.

Du ville være det hele
derfor, blev du ingenting.
For ingen kan være alt,
og alle må finde ind.

Du leder efter noget,
men finder ingenting,
for din vej bliver aldrig fundet,
før du leder i dit sind.

Til Dig,
der tror på uselvisk
kærlighed.

Og Dem, der stemmer i,
vel vidende at det ej er
utopi.

Lidt fred

Jeg har lyst til at stille op i X-faktor,
for at blive rakket ned.
For at dem med had i hjertet,
kunne få lidt kærlighed.

Jeg stiller gerne op som nar,
så de sarte sjæle kan få fred.
Tilsat lidt tromme og guitar
vil nogen måske endda synge med.

At hadet er størst, hvor det har rod,
at det man siger, bor i en selv,
at det er muligt at se bagom,
er der ikke mange, der ved.

Jeg tror, alle kan kureres
uanset hvor bitter og led.
Det er et fælles og langvarigt projekt,
som vi starter med kærlighed.

Kærlighed til dem der er skrøbelige
og til dem, der ser ned.
For alle kæmper en kamp,
men ønsker inderst inde blot lidt fred.

At skilles som venner

For en sidste gang
vil jeg lade mine læber
ramme dine.
Jeg vil lade mine hænder
glide ned over dine stærke arme,
som har holdt mig i så mange år
og gennem så meget.
Jeg vil kigge dig dybt i øjnene,
med stor taknemmelighed
for alt vi har haft,
og hvad vi sammen til verden har bragt.
Så vil jeg gå,
for der er så meget,
vi begge skal nå.

Jeg vil ikke se mig tilbage,
men altid værdsætte
alle vores dage.
Det samme må du,
for bliver vi sammen,
vil alt det smukke imellem os
gå itu.
Ingen af os har nogensinde ønsket,
at blive gamle og bitre
derfor, er det nu
vi begge må videre.

Jeg elsker dig,
og du vil altid være min ven.
På denne måde ved jeg,
at jeg vil møde dig
med glæde igen.

Lad mig række dig
en hånd

Lad mig række dig en hånd,
så vi sammen kan knytte et bånd.

Et bånd der binder os,
i tykt og tyndt.
En relation,
der ej behøver pynt.
Lad os sammen,
finde et sted,
hvor vi altid
kan hvile i fred.

Vel vidende, at det vi giver hinanden,
går langt over forstanden.

Og når jeg,
yder hjælp til dig;
er glæden i dine øjne
nok for mig.
Selv, hvis du var i nød
vort hele liv,
ville det aldrig
føles som spild.

Jeg er her,
min hånd er din.
For mig vil du altid
være noget så fin.
Uanset hvor hård
eller sårbar du blir',
vil jeg forstå,
at du altid er så meget mer'.

Jeg vil rumme dig og alt, hvad du er,
for intet mindre ville være noget værd.

Du har begravet dig selv

Du har begravet dig selv
I selvmedlidenhed og had.

Engang ville jeg have bebrejdet dig,
at du ikke længere er stærk nok,
til at være der for mig.
Nu forsøger jeg, at lære af dine fejl,
at omdirigere,
når vejen bliver for stejl.

Jeg vil ikke være gammel og bitter,
aldrig være så vred, at mit indre sitrer.

Engang imellem fanger du mit gamle jeg,
når jeg ser dig, falde på din vej,
og jeg bliver holdt gidsel i mit bekymrede sind,
af tanker om, hvor du er på vej hen.

Indtil jeg atter
trækker vejret dybt
og endnu en gang,
giver slip på min frygt.
For min sindssyge,
kan hverken gøre fra eller til,
uanset hvor gerne
mit sind det vil.

Jeg forstår,
at du har gjort det bedste,
ud fra dine kår.
Jeg tilgiver dig
og jeg ved,
at du elsker mig.

Det er alt, hvad jeg behøver.
Ingen høflige manøvre.
Ingen forventninger at leve op til,
ingen oprivende følelser på spil.
Du lever, som du har valgt.
Måske er dine dage talte,
men vi skal alle dø en dag,
så hvorfor gøre det til en sag.

Ikke fordi, jeg ikke vil savne dig,
hvis du går først,
men fordi, at livets cyklus
altid vil være størst.
Jo hurtigere vi begynder,
at forstå det,
jo mere nærvær, fred og kærlighed,
vil vi få at se.

Hvorfor bekymre sig om,
hvad der skete igår,
eller bruge al sin tid på
at forudsige næste år.

Hvad vi har, er lige nu
og intet kan slå dette øjeblik itu.

Lad mig løsne
dine lænker

Lad mig løsne de lænker,
du har bundet dig selv med.
Lad mig være den,
der kommer med fred.

Du har kæmpet så længe,
at du har glemt, hvem du er,
men jeg er her nu,
du er ikke alene mere.

Lad dit sind ligeså stille,
bløde op, give slip.
Lad tankerne flyde,
fordampe, svæve væk.

Det er ikke dig,
du hører i dit sind,
når hadet det stormer
og blusser op i din kind.

Lad lungerne dine
fyldes med fred,
vid at du kun
ånder kærlighed.

Din blotte væren
er det, der er dig
og går du med dit hjerte,
er du altid på rette vej.

Jeg er, uselvisk kærlighed

Jeg vil give dig plads,
fordi du behøver det.
"Hvis du elsker noget,
så sæt det fri."

At holde noget fanget,
som har et liv.
Virker blot
som tidsfordriv.

Du er en stjerne,
der lyser i natten,
men når nogen skygger,
kan det være svært se.

Derfor må du gå
for at finde det, der er dig.
Jeg vil blive lige her,
holde fast i det, der er mig.

Blot jeg ved, at du er derude,
og lyser op i mørket et sted,
vil jeg sove trygt vel vidende,
at du er min kærlighed.

Ikke fordi
jeg ikke ønsker dig her,
og glædes ved tanken,
om at holde dig nær.

Du er det første,
der opstår i mit sind
og du vil være det sidste,
når jeg stille sover ind.

Jeg ønsker blot ej, at eje dig,
aldrig at sige; du er min,
for i et bur, vil du langsomt miste det,
der gør dig til dig; så sjælden sublim.

Jeg sætter dig fri, for du behøver din frihed,
og jeg ønsker blot, at du er dig.
I mit hjerte har du plantet et frø af uselvisk kærlighed
og jeg ved nu, hvad der er mig.

Til Dig,
der ved, at du rummer
meget mere.

Og Dem, der kan mærke
energier.

Den virus
som alt fortærer

En fortærende virus
som indtager menneskesind,
jeg vil ikke vide af den,
ikke lukke den ind.

Ubevidst forsøger du,
at hjælpe den med at trænge igennem.
Jeg bliver så træt,
træt af dig, og af at kæmpe.

Jeg flygter,
men uanset, hvor jeg bevæger mig hen,
vender jeg mig om,
og møder den igen.

Jeg taler om isolation
og ser frygten i deres øjne,
som om jeg tog alt fra dem,
efterlod dem sårbare og nøgne.

Min virkelighed
skræmmer dem og deres.
Du vælger at tro på det kollektive mørke
og afstanden imellem os forværres.

Vores verden er splittet
og jeg ved ikke længere,
om jeg kan bidrage til ubevidstheden,
lytte, uden jeg min sandhed erklærer.

Vi bekræfter hinanden
i alt, som er dårligt,
sætter os selv som ophøjede dommere
og dømmer konstant uvilkårligt.

Hvordan skal det hjælpe?
Hvordan skal vi få det bedre,
hvis vi bruger vores tid på mørket
og kun ondskaben hædrer?

Lad mig leve.
Lad mig forvandle,
forvandle min forestilling til virkelighed
og ud fra den handle.

For mig, er jeg
lys, ren energi, kærlighed, fred og væren
Og så bærer du,
ikke længere, den virus, som alt fortærer.

Spor

Kan du se mit spor?
Følge med, hvor jeg går.
Er jeg opmærksom på
alt det, der kræver tid at forstå?

Som når jeg sætter et fodspor,
der ikke kan slettes igen,
da er jeg mit ego nærmest
og ikke længere Jordens ven.

En lære.
En aflære.
Som er en nødvendighed.
Så jeg engang,
når jeg skal herfra,
kan forsvinde med fred.
Vel vidende
at det aldrig var meningen,
jeg skulle sætte spor, der ville vare en evighed.

Jeg forsøger nu,
at sætte de fleste af mine spor der,
hvor naturen nemt kan fjerne dem igen.
At være vidne til,
at uanset titler og besiddelser
skal vi alle det samme sted hen.

Så når jeg går
videre på min vej,
vil jeg kigge mig tilbage
og kunne sige,
at jeg gjorde mit bedste
størstedelen af mine dage.

Pilgrimsvandring

Lad os mødes under stjernerne,
lyset i mørket.
Lad dem inspirere os
og lede os på vej.
Så når du vakler
og balancen svigter,
ved du, at jeg er ved din side,
du kan støtte dig til mig.

Og ligesom vi ej ser dem,
når dagen lyser klart,
som var de uden varsel
fra himlen pludselig borte,
går jeg altid lige her;
foran, ved siden af
og bagved dig,
selv når dagene føles korte.

For det lys vi skaber sammen,
hører til der, hvor vi går.
Det vil altid følge os,
uanset hvor vi finder hen;
Og hvor mørkt det end bliver,
så ved vi nu,
at lyset altid er der
og at det altid kommer igen.

Et højere selv

Dine tanker har sløret
dit højere selv,
som bjergtoppe
gemt af skyer.

Tanker om
at slå tiden ihjel,
som solen der
overskygges af byger.

Du har glemt at vande
det indre frø,
der blev plantet
ved din fødsel.

Det, som aldrig
frygtede at dø,
har du begravet
ved at ødsle.

Tiden din,
fråser du med,
som ville den
vare for evigt.

Indtil den dag
du genfinder det sted,
som bringer
livet mening.

Tid til balance

I æoner af tid
har det maskuline
været den drivende kraft
i de fleste.

Den har buldret frem
bygget op, revet ned
og været energien
bag det meste.

Som solen der skinner
og hvormed alt vokser op,
kan vi ikke klare os
foruden.

Men vi har haft så travlt
med at komme frem,
at vi har mistet kursen,
det er tid til at vende skuden.

Og som alt
ville brænde ud og dø,
hvis månen aldrig
tog over;

Har vi skabt os selv
en verden af stress,
ulighed, sygdom
og sorger.

At stoppe til tider,
at se hvor vi er,
evaluere
og omlægge vejen;

Hvor langt er vi nået,
hvad missede vi
og hvordan
redigerer vi fejlen?

Hvor har vi hinanden
og hvor har jeg mig,
er det muligt
at mødes på midten?

Kan vi med vind i sejlet
stadig tage det ned,
når en del af os
står på vippen?

Nu stiger månen
langsomt op,
det er blevet tid
til at tage revanche.

Den feminine bølge
bruser kærligt frem,
det er tid til
at finde balancen.

Til Dig & Dem

- med et knust hjerte, som ønsker at samle det igen.

Eksempler på at leve

Vi lever alle som eksempler.

Et eksempel på:

At leve livet i glæden,
at leve livet i utilfredsheden,
at se alt omkring os
eller stirre blindt i intetheden.

At leve for at få magt,
at leve i foragt,
at leve for succes
eller blot så længe livet bliver ved.

At leve for andre,
at slå tiden ihjel,
at gøre sit bedste
eller at leve for sig selv.

At leve i tomgang,
at leve for aktivitet,
at få det hele med
eller at glemme alt, hvad der er sket.

At leve som mor,
at leve som far,
at leve som en, der er vigtig
eller blot som en, der er rar.

At leve i lyset,
at leve i mørket,
at leve som tilgivende
eller et helt liv som fortørnet.

Hvis dit liv, du skulle skrive
eksempler herom,
hvad ville det da blive
og hvad ville du lave om?

Lev

Græd;
Lad trykket lette fra dit bryst,
mens du ser den frygt i øjnene,
der så længe har stjålet al lyst.

Lysten til at leve livet
og give efter for det, der er dig.
Lysten til ikke at tage noget for givet,
ånde frit, som var det en leg.

Smil;
Som var du solens stråler,
der giver alting lys og liv, et fænomen,
hvormed intet jordisk måler.

Kend dit værd,
som det du ser,
hos dem du elsker
og har allermest kær.

Le;
Ukontrollerbart og hjerteligt
som du gjorde før, du fik indtrykket af,
at det var barnligt.

Mærk glæden
og hvordan din krop,
giver efter i alle celler
og langsomt liver op.

Udforsk;
Der hvor sjælen bor,
som var du opdagelsesrejsende
og livet var din jord.

Vid at du rummer
langt mere end du tror,
og husker du at vande,
kan ingen sige, hvor langt du gror.

Nyd;
Alt det, der gør dig godt.
En fortælling af nydelse
udgør det allerbedste plot.

Det behøver ikke være stort.
Find lykken i det små,
som den hyggestund der byder sig,
når dagene er grå.

Elsk;
Fordi du ikke kan lade være,
lad det flyde ud af dig.
Lad en kærlig tanke avle endnu flere.

Lad kærligheden du byder
andre, som dig selv,
være den, der ikke betinges
og derfor aldrig slåes ihjel.

Dette er sider,
sider til dig og dem,
hvis der skulle komme ord,
som hjælp til at samle hjertet igen: